Anonymus

Gedanken und Vorschläge über eine Ausgleichung zwischen Österreich und Ungarn

Anonymus

Gedanken und Vorschläge über eine Ausgleichung zwischen Österreich und Ungarn

ISBN/EAN: 9783743332928

Hergestellt in Europa, USA, Kanada, Australien, Japan

Cover: Foto ©ninafisch / pixelio.de

Manufactured and distributed by brebook publishing software (www.brebook.com)

Anonymus

Gedanken und Vorschläge über eine Ausgleichung zwischen Österreich und Ungarn

GEDANKEN UND VORSCHLÄGE

ÜBER

EINE AUSGLEICHUNG

ZWISCHEN

ÖSTERREICH UND UNGARN

VON

L. O.......r.

LEIPZIG
VERLAG DER SERIG'SCHEN BUCHHANDLUNG
1865.

Um einen klaren Ueberblick der ungarischen Verhältnisse zu erlangen, scheint es geboten, zuerst Ungarn geographisch und ethnographisch in Kürze zu beschreiben, soweit dies eben für eine Arbeit, die nur Vorschläge und Gedanken über eine Ausgleichung mit Ungarn enthalten soll, möglich ist; dann in kurzen Abrissen die ungarische Verfassung und Organisation zu betrachten, mit den Systemen, nach denen man in der gegenwärtigen Lage, auf verschiedenen Grundsätzen fussend, Ungarn zu lenken sucht, und zuletzt auf die Idee eines Ausgleiches mit Oesterreich näher einzugehen.

— —

Zwischen der mittleren Donau und dem adriatischen Meere erstrecken sich die ungarischen Erblande, bestehend aus dem eigentlichen Königreich Ungarn mit Niederungarn dies- und jenseits der Donau, und Oberungarn dies- und jenseits der Theiss, dann aus dem ungarischen Illyrien und dem Königreich Slawonien zwischen Donau, Drau und Sau, dem Königreich Kroatien von der Donau bis zum adriatischen Meer und dem ungarischen Dalmatien, dem schmalen Küstenlande, das sich am adriatischen Meere hinunterstreckt. Verschieden wie die Natur des Landes sind auch die Völker, die es bewohnen. Im Herzen des eigentlichen Königreichs Ungarn herrscht der Stamm der Magyaren, an Zahl 5 Millionen, der sich berufen glaubt, der Herrscher des ganzen Landes zwischen Donau und Adria zu sein, den auch vielleicht Muth und Tapferkeit, wie die geistige Regsamkeit vor den meisten der um ihn wohnenden Völkerschaften zum Herrschen befähigen. Stolz und tapfer, kühn und leicht begeistert zeichnen den Magyaren zwei Tugenden vor allen den Völkern aus, die ihm, wenn auch nicht der Abstammung, doch dem Charakter nach verwandt sind, es sind dies die Treue und die Dankbarkeit. In allen ritterlichen Tugenden, wie in der Regsamkeit des Denkens und Fühlens wetteifert z. B. der Pole mit dem Ungarn, diese Tugenden aber hat der Magyar vor dem Polen voraus. Lesen wir die Geschichte der polnischen Revolutionen und vergleichen wir sie der ungarischen: überall tritt uns in den ersteren der Hass, die blinde Vernichtungswuth gepaart mit der rohesten Grausamkeit gegen das deutsche Element entgegen, obgleich nur durch Deutschland ehemals polnische Landestheile zu dem gemacht worden, was sie jetzt sind, zu im Aufschwunge befindlichen, cultivirten Ländern; obgleich die meisten in Polen lebenden Deutschen verblendet genug waren, die Revolution zu begünstigen, obgleich der Zug der verbannten Polen durch Deutschland 1831 mehr einem Triumphzuge als einer Flucht glich. Wie dagegen in Ungarn? Eine deutsche Dynastie und deutsche Heere kämpften gegen Ungarn; war auch der ungarische Uebermuth der erste Grund zum Ausbruch des Kampfes, so lässt es sich doch nicht leugnen, dass die Aufreizung Kroatiens indirect vom Wiener Ministerium, dessen System im verjüngten Oesterreich hoffentlich für alle Zeiten gestürzt ist, ausgegangen war; im höheren Sinne aufgefasst, begriffen aber die Ungarn sowohl wie die Deutschen, dass jede Zunahme des deutschen Elementes in Ungarn eine Beschränkung der magyarischen Herrschaft, ein Fortschreiten der Germanisirung sei. Trotzdem haben sich die Magyaren nie zu jener Grausamkeit oder Verfolgungssucht gegen das germanische Element herabgelassen, und unbelästigt konnte der Deutsche in Pesth, in Szegedin, in Debreczin, in allen ungarischen Städten 1848 leben, während die in Polen wohn-

haften Deutschen zum grossen Theil flüchten mussten oder
den gemeinsten Insulten der erregten Menge zum Opfer fielen.
Nehmen wir ein anderes Beispiel, das Benehmen der Magyaren gegen die Juden, verglichen mit der Art und Weise,
wie die beiden slawischen Völker, Polen und Tschechen, sie
behandelten. In Ungarn leben fast 300000 Juden, deren
Einfluss ein ganz enormer auf die inneren Angelegenheiten
des Landes ist, weil fast der gesammte Handel und der gesammte Geldmarkt in ihrer Hand liegt. Dasselbe Verhältniss
besteht in Polen; man könnte sagen, in beiden Ländern vertritt
das jüdische Element den fehlenden Mittelstand, aber die ungarische israelitische Bevölkerung ist dieser Vertretung würdiger als die polnische, weil sie sich freier bewegen, sich freier
bilden durfte, während der polnische Jude, das willenlose
Werkzeug seines Edelmanns, von diesem gebraucht, wieder
in den Abgrund von Schmutz und Elend zurücksinken musste.
Der Natur der Sache nach schlossen sich in Ungarn und
Polen die Israeliten, die hier Nichts von Metternich, aber
Alles von einem freien Ungarn, dort Nichts von den einzelnen polnischen Edelleuten, aber Vieles von einem einigen
fundamentirten Polen zu hoffen hatten, aus voller Seele der
Revolution an; ihre Söhne bluteten in den vordersten Reihen
der Magyaren und Polen, ihre vollen Beutel halfen die Staatskassen Ungarns und Polens füllen, aber wie verschieden
wurde ihnen gedankt. Wenn auch die Ungarn erst spät
und vielleicht gezwungen oder in Folge kluger Berechnung
den Israeliten die bürgerlichen und staatlichen Rechte einräumten, die sie für ihr Aushalten an Ungarns Sache schon
lange verdient hätten, so vergassen die Polen in Glück und
Unglück alles Das, was jene Nation für ihre Sache gethan
und geleistet hatte. Gleich den Polen handelten die Tschechen. Wie in Ungarn und Polen bilden auch in Böhmen die
Juden das Handel treibende Element der Bevölkerung, das
wenigstens dem materiellen Wohlstand Böhmens ungeheuern
Vorschub geleistet hat. Wie aber haben dies die Tschechen

gedankt? Die wenigen Tage der tschechischen Herrschaft 1848, ehe Fürst Windischgrätz Prag einnahm, sind reich an Judenverfolgungen, und die Hauptstadt an der Moldau könnte von der Handlungsweise der tschechischen Bevölkerung gegen die Juden auch in neuester Zeit Dinge erzählen, die man eher vor einigen Jahrhunderten als jetzt für möglich ansehen möchte. Aber vorbei sind die Tage der Revolution, und in ihrem gewohnten Bette fliessen wieder die Fluthen des Staatslebens, aus dem bald ein einheitlicher, in sich geeinigter Staat Oesterreich entstehen mag, der unter dem Banner des gesunden Fortschritts und der freiheitlichen Entwickelung alle seine widerstrebenden Elemente in sich vereinigen mag durch das Band der gegenseitigen Zusammengehörigkeit und Achtung, der alle auf seinem Boden geduldeten Religionen unter sich binden mag durch die gegenseitige Toleranz, die die beste Fördererin der Sittlichkeit ist.

Doch zurück zu unserer kurzen einleitenden Ethnographie Ungarns; wenden wir, nachdem wir die Magyaren kennen gelernt, unsere Blicke auch zu den anderen Völkerstämmen, und zwar zuerst zu den Kroaten, Serben, Slowaken und Wallachen, die nach den Magyaren und den Deutschen, die wir nachher betrachten wollen, an Zahl die stärksten sind, und die zusammen geeinigt durch ihr slawisches Element ein den Magyaren gleiches Gegengewicht bilden. Sie wohnen zerstreut im ganzen Königreich Ungarn, am concentrirtesten in Kroatien und Slawonien, die einen Flächenraum von 780 Quadratmeilen einnehmen, mit ungarisch Dalmatien etwas über 1000 Quadratmeilen, d. h. etwa den fünften Theil des gesammten Flächenraums der ungarischen Staaten mit ungefähr 4 Millionen Einwohnern, während die ganze Bevölkerung 11½ Million beträgt. Der Charakter der Südslawen Oesterreichs im Allgemeinen — und nur von der Allgemeinheit kann hier die Rede sein — steht weit unter dem der Magyaren. Die Bildung der eigentlichen Ungarn ist eine ganz unverhältnissmässig höhere, als die der Kroaten und

Serben. Zeugniss dafür ist die reiche Literatur der Magyaren, welcher Kroaten, Serben und Wallachen höchstens eine schwache Volksliederliteratur entgegenstellen können, die den Werken magyarischer Dichter und Schriftsteller bei Weitem nachsteht.

Auch der Südslawe Oesterreichs ist tapfer, aber seine Tapferkeit ist mehr die Tapferkeit der Nothwehr, d. h. wenn andere Auswege versperrt sind, so wehrt sich der Kroat wie der Serbe mit dem Muthe der Verzweiflung. Es ist ein von österreichischen Officieren vielfach bestätigtes Factum, dass der Kroat zum Angriff fast untauglich, im zweiten Treffen gut verwendbar, im Vorpostendienst durch seine List und Verschlagenheit unübertrefflich ist. Und diese List und Verschlagenheit ist vielleicht der Hauptcharakterzug der österreichischen Südslawen. Ban Jellachich, dessen Charakter man beurtheilen kann wie man will, dessen Geistesgaben aber entschieden über gewöhnliches Maass hinausgingen, Ban Jellachich, der grosse kroatische Agitator, kannte den Charakter seiner Landsleute wie Keiner vor, wie Keiner nach ihm. Er gab den Plan zur Losreissung von Ungarn; die Ausführung seines Planes aber suchte er möglich zu machen durch die Aufreizung des wildesten nationalen Hasses und durch einige Blut- und Mordscenen, die nothwendig die kroatische, durch ihre hinterlistige Raubgier berühmte oder berüchtigte Bevölkerung weiter fortreissen mussten. Es ist ein alter Spruch „Kein Volk ist gut und keines ist schlecht", aber trotzdem ist und bleibt das Grundelement des Stammes jedem Volke angeboren, und wird sein Verhältniss zu anderen Völkern regeln.

Eine Anschliessung des magyarischen Elementes an das deutsche ist möglich, ist zu hoffen; das Slawenthum wird viel längere Zeit brauchen, um sich uns zu nähern. Ein starkes Ungarn ist die treueste Stütze, der beste Bundesgenosse Oesterreichs und Deutschlands, die Vormauer gegen alle die gemischten südslawischen Stämme der Türkei und Rumäniens, und das Aequivalent des specifischen Slawenthums. Der Schwerpunkt der österreichischen Staaten liegt zwar nicht, wie noch neuerdings gesagt, in Ofen, sondern in Wien, weil Oesterreich ein deutscher Staat sein, ein deutscher Staat bleiben soll, aber die ungeheure, vielleicht unbedingte Wichtigkeit Ungarns für Oesterreich lässt sich nicht ableugnen. Das freie Oesterreich ist die Trägerin deutscher Cultur nach dem Osten, sein Beruf liegt darin, den Völkern des Ostens die Bildung und Entwickelung zu bringen, die allein eine wirkliche Verbindung mit den deutschen Ländern ermöglichen können. Der Umschwung zum Liberalismus hat Oesterreich noch 1859 gerettet, der Fortschritt wird es halten, wird es führen, und wird das Staatenconglomerat zu dem machen, was es sein soll, zu einem grossen, einigen, durch die Idee der Gleichberechtigung starken Verbande. Die Zeit, als ein Stamm sich noch dazu hergab, der Strafengel des anderen zu werden, ist vorbei; die Völkerschaften der ganzen österreichischen Monarchie erkennen und werden immer mehr erkennen, was Oesterreich Noth thut; Loslösung vom römischen Regiment und dem Absolutismus der Kirche, Heranbildung und Gleichberechtigung seiner Stämme, möglichste Autonomie der einzelnen Völker ohne Schaden der anderen und ohne Störung der nothwendigen Centralisation. Für das germanische Element Oesterreichs, das wir zunächst in Ungarn betrachten wollen, liegt darin keine Zurücksetzung, es wird den ihm gebührenden Vorrang von selbst einnehmen durch seine grössere Bildung, durch seine Zahl, durch seine Verbreitung in allen Provinzen und durch die Deutschland angehörige Regierung. Machen wir unseren Frieden mit den Magyaren, ehe Slawen und Magyaren ihn machen; dann werden wir gedeckt in den orientalischen Fragen, deren Rückschlag auf die italienische feststeht, jeder Verwicklung im Osten mit Ruhe entgegensehen können.

Ehe wir aber diesen ersten einleitenden Abschnitt unserer Arbeit schliessen, müssen wir noch einige Worte über die Deutschen in Ungarn vorherschicken. Die Deutschen wohnen fast alle in den grösseren Städten des Landes, vorzüglich in Pesth, und bilden so zu sagen mit den Israeliten den Mittelstand Ungarns. Leider aber hat sich der deutsche Erbfehler auch in Ungarn eingeschlichen: statt den höheren Beruf festzuhalten, durch höhere Bildung zu germanisiren, amalgamirt sich der Deutsche, dem das Fremde mehr gefällt, als das Einheimische, mit dem Magyaren, und lässt so seine eigentliche Sendung fallen. Es ist ein merkwürdiger und doch natürlicher Zug der Geschichte, der für unsere Behauptung, welche nahe Beziehung zu uns das Magyarenthum im Gegensatz zum slawischen Element hat, spricht, wenn wir sehen, wie in allen slawischen Stämmen sich gerade zwei Völkerschaften, Deutsche und Israeliten, rein und unvermischt erhalten, während sie sich in Ungarn mit den Magyaren vermischen. In Polen, in Böhmen, in Mähren stehen auf der einen Seite Deutsche und Juden den Polen, den Tschechen, den mährischen Slawen streng gegenüber, im fortwährenden Kampfe um ihre Entwickelung, jede Nationalität streng ihr ursprüngliches Wesen im Auge behaltend, der Deutsche und Jude im Kampf gegen den Slawen, der Slawe streng bedacht, sich und seine Sitten dem germanischen Element entgegenzustellen. In Ungarn nimmt der Deutsche und Jude das magyarische Wesen an und vermischt sich dem Magyaren, spricht seine Sprache und sympathisirt mit seinen Plänen. In der Minute ist das deutsche Element in Ungarn in Gefahr, in dem magyarischen aufzugehen; werden die Beziehungen zu Deutschland wieder andere, so kann die Regierung bei geschickter Benutzung der ihr in den Deutschen und Israeliten gegebenen Hülfsmittel sich nach und nach eine Partei heranbilden, die stark genug ist, sich mit den Magyaren zu amalgamiren, ohne selbst die eigene Abstammung zu verlieren. Hierüber noch im dritten Theile dieser Arbeit.

Was nun endlich die letzten total zerstreut lebenden Elemente der ungarischen Bevölkerung, Slowenen und Zigeuner, anlangt, so sind diese viel zu ungebildet und unselbstständig, dann auch so gänzlich rechtlos, dass von ihrem politischen Dasein noch auf lange Zeit hin keine Rede sein kann. Es wäre hier dringend geboten, durch Gründung von Schulen etc. der Erziehung, dem ersten Hülfsmittel der Cultur unter die Arme zu greifen.

Die politische Eintheilung Ungarns bis zum Jahre 1848 war folgende. Ungarn bildete mit Kroatien, Slawonien und ungarisch Dalmatien die ungarischen Erbstaaten im weiteren Sinne, im weitesten mit Siebenbürgen und der Militärgrenze, welche beide letzteren verfassungsgemäss jedoch nicht mit dem Königreich verbunden waren und eigene Landstände hatten. Das eigentliche Ungarn, mit dem wir uns zu beschäftigen haben, zerfiel in Ober- und Niederungarn mit 5 Districten und 49 Gespanschaften oder Comitaten*), die 3 Gespanschaften Kraszna, Mittel-Szolnok und Zaránd inbegriffen, welche nach Decret des ungarischen Reichstags von 1836 von Siebenbürgen getrennt und zu Ungarn geschlagen worden waren. Das Königreich Slawonien bildete 3, das Königreich Kroatien ebenfalls 3 Gespanschaften. Indem wir nun sofort zur ungarischen Verfassung übergehen, werden wir die in der politischen Eintheilung Ungarns geschehenen Veränderungen zugleich mit der neuen Verwaltungs- und Verfassungsepoche nach 1848 wiedergeben.

Die Verfassung Ungarns, wie sie bis zum Jahre 1848 bestand, war eine mittelalterlich-aristokratische, d. h. eine

---

*) Comitate hiessen die ungarischen Bezirke, welche unter Obergespanen stehen und sich wieder in Districte theilen. Der Obergespan musste von Adel und im Comitat angesessen sein, ebenso sämmtliche höhere Beamte der Gespanschaft, die ausser dem Obergespan einen Untergespan, einen Notar und 6 Stuhlrichter besass. Alle anderen Beamten ernennt der Adel aus Dreien, welche der Obergespan in Vorschlag bringt.

durch Reichsstände beschränkte Monarchie. Die Stände zerfallen in Prälaten, Magnaten, Edelleute und Abgeordnete der königlichen Freistädte. Primas regni ist der Erzbischof von Gran, erster Magnat der Stellvertreter des Königs, der Palatinus regni. Der gesetzgebende Körper der ungarischen Reichstage war vertreten gemäss dem Zweikammersystem in der Magnaten- und Ständetafel. Die Magnatentafel unter Vorsitz des Reichspalatins umfasste die 11 vom Landesfürsten selbst berufenen Reichsbarone, die römisch- und griechisch-katholischen, sowie die griechischen nichtunirten Erzbischöfe und Bischöfe, sämmtliche Obergespane der Comitate und einen erwählten Abgesandten Kroatiens, dann die ungarischen Fürsten, Grafen und Barone. Die Ständetafel bildeten die ungarischen Comitatsabgeordneten, die Gesandten Kroatiens, der ungarischen Freistädte, der geistlichen Capitel und die wirkliche Pfründen habenden Aebte und Pröbste, dann die Bevollmächtigten der abwesenden Magnaten. Der Zusammenhang der beiden Tafeln war kein organischer; die Initiative in sämmtlichen Vorlagen hatte der Landesfürst und dessen persönliche Vertretung, sowie die Ständetafel, während die Magnatentafel die eingebrachten Gesetzvorschläge ganz oder theilweise ablehnen konnte. Die Legislationsperiode war eine dreijährige, die wichtigsten Rechte des ungarischen Reichstags waren die Votirung und Aushebung von Rekruten und das Steuerbewilligungsrecht. Die grösste Wichtigkeit hatten die Comitatsversammlungen, welche der Regierung meist den stärksten Widerstand entgegensetzten. Hier wählte der Adel seine Reichstagsabgeordneten, und beschloss das, was ihm annehmbar oder nicht annehmbar schien, und bildete die Schlussmeinung, welche nachher der Reichstag mit seiner Adelsmajorität der Regierung gegenüber abgab. Die ungarische politische Verwaltung stand unter der Hofkanzlei zu Wien, deren Präses, der Kanzler, als königlich ungarischer Minister neben dem kaiserlichen Ministerium fungirte.

Dies das äussere Gerippe der ungarischen Verfassung, nun zu ihren historischen Grundpfeilern, deren es fünf gibt.

1) Die goldene Bulle vom König Andreas II., aus dem Jahre 1222.

2) Der 9. Artikel des Verböczyschen Tripartitums, welcher die Grundrechte des Adels bestimmt.

3) Die Friedensschlüsse von Linz 1606 und Wien 1645, sowie die Grundrechte der verschiedenen Religionsgenossenschaften.

4) Die pragmatische Sanction und die Gesetze und Reichstagsbeschlüsse über die Thronfolge des Herrscherhauses.

5) Die Inaugurialdiplome mit der Gewährleistung sämmtlicher Freiheiten und Immunitäten des Reichs.

Vor Besprechung der Veränderungen, welche die Verfassung und Verwaltung Ungarns nach dem Jahre 1848 erfahren hat, scheint es vorerst geboten, vom Standpunkte der Kritik Einiges über diese Constitution vor 1848 zu sagen.

Wie alle ständischen Verfassungen, so hat auch die ungarische, und fast noch mehr wie jede andere, eine viel zu starke Vertretung des Adels gegenüber den andern Ständen. So hat z. B. eine königliche Freistadt nicht mehr Stimmen wie ein Edelmann, die Vertretung des Bauern existirt gar nicht, während die Geistlichkeit, die in Ungarn meist eine eingeboren ungarische ist, wie der Adel sehr stark vertreten wird. Nun ist es zwar richtig, dass der Adel in Ungarn auch ohne ständische Vertretung ein immenses Uebergewicht hat, erstens durch den ihm fast ausschliesslich gehörenden Grundbesitz, zweitens durch das Innehaben sämmtlicher öffentlicher Stellen und Würden, drittens durch das Fehlen eines Mittelstandes, viertens aber durch eine Eigenschaft, die am schönsten den englischen und den ungarischen Adel auszeichnet, durch die volksthümliche und liberale Auffassung der Verhältnisse. Hierdurch vor Allem ist es gekommen, dass in Ungarn Alles

ohne Unterschied für die alte ständische Verfassung schwärmt,
Magyaren aller Klassen, Deutsche, Israeliten, zum Theil
heute auch selbst Serben, Kroaten und Siebenbürger. Die
Einigung der Nationalitäten hat seit 1848 ungeheure Fortschritte gemacht; ob es heute noch einmal gelingen dürfte,
die Kroaten zum Kampf gegen die Ungarn aufzurufen,
scheint uns zum Mindesten unwahrscheinlich, und hier
liegt der Hauptfehler der Alexander Bach'schen Centralisationsmethode, dass er für das, was genommen wurde,
nichts Besseres zu geben wusste, und dass auf diese Weise
das frühere Unvollständige und Mangelhafte golden und
vollkommen erschien. Dann aber war bei dieser Vertretung
an ein Aufblühen des Mittelstandes gar nicht zu denken,
dessen Nothwendigkeit man in Ungarn, wo man oft den
niedern Adel im Verhältniss und Gegensatz zu dem höheren
fälschlicherweise als Mittelstand betrachtete, gar nicht einsah.
Und doch ist es ein alter Satz, dass alle die Staaten, in
denen kein Bürgerstand neben dem Adel existirte, zu Grund
gegangen sind, und wäre dieser Adel der tapferste, muthigste, patriotischste gewesen, drei Eigenschaften, die allerdings den ungarischen Adel in hohem Grade zieren. So
verlor Schweden, dem ein ausgebildeter Bürgerstand fehlte,
den grössten Theil seiner Macht, so konnte Polen getheilt
werden, obgleich der polnische Adel zu jeder Zeit tapfer
für sein Vaterland gefochten hat. England, Deutschland,
die Niederlande dagegen haben gerade durch ihren Bürgerstand sich ihre Macht erworben; die Macht des Bürgers
wurzelt im Bewusstsein des Volks, dass Alle, Alle Bürger
sind, und selbst, wenn die Städte und Festungen genommen,
wird der Feind in einem Lande, das einen wirklichen Mittelstand besitzt, sich auf die Länge nicht halten können, ein
Satz, den Deutschland durch eine lange Periode der Knechtung, aber auch durch den herrlichen Aufschwung im Jahre
1813 beweist.

Welche ungeheure Wichtigkeit aber gerade ein un-

garischer Mittelstand haben könnte, und wie sehr er Ungarn
an Oesterreich, und, wenn, wie wir hoffen, die Politik Oesterreichs eine nationale wird, an Deutschland binden kann, das zu
beweisen, scheint unnöthig; es geht schon aus dem eben weniger exclusiven und weniger mit dem Nationalitätsprincip lieb-
äugelnden Charakter des Mittelstandes hervor. Kein Land
besitzt bessere Elemente eines Mittelstandes als Ungarn,
wenn die Regierung sie geschickt zu benutzen versteht;
in erster Linie die Deutschen und Israeliten, denen sich,
wenn sie einmal erst öffentliche Vertretung erlangt haben,
wozu die österreichische Regierung jetzt alle Schritte thut,
bei der numerischen Stärke des Adels, dessen niederer
Theil sich doch nach und nach, bei seinem Zurückstehen in
den Vermögensverhältnissen gegen den hohen Adel, nach
bürgerlichen Berufsarten umsehen muss, der niedere Adel
anschliessen und wahrscheinlich als Bürgerstand in ihnen
aufgehen wird. Dann wird bei geordneten Verhältnissen
des Mittelstandes, der naturgemäss auch die grossen Herr-
schaftscomplexe der hohen Aristokratie immer mehr durch
Ankauf parcelliren wird, auch die Einwanderung aus dem
übrigen Oesterreich und Deutschland eine ungleich stärkere
sein wie bisher, und auch Kroatien und Slawonien werden
durch höhere Bildung dahin kommen, dass sie die Nütz-
lichkeit einer Verbindung mit dem ungarischen Mittelstande
einsehen lernen. Ein anderer Fehler der ungarischen Verfassung war der, dass Kroatien, Slawonien und das Littorale
fast gar keine verhältnissmässige Vertretung hatten, in deren
Folge natürlich ihre Interessen verwahrlost wurden. Die
grösste Schwierigkeit für die Regierung aber lag in den
Comitaten und deren Versammlungen, die eben die Vertretung des Adels waren, und zum Unglück des Landes machten
diese Comitatsversammlungen, deren Einfluss auf den
Reichstag ein ganz enormer war, jedes Aufblühen des Bür-
gerstandes unmöglich, so dass man wirklich sagen konnte,
die Gesetzgebung lag mehr in den Händen der Comitate,

als des Reichstags. Was nun das Verhältniss der österreichischen Regierung zu dieser ungarischen Verfassung vor 1848 betraf, so ist es auf den ersten Blick klar, dass an eine gesammtstaatliche Verwaltung nicht zu denken war. Ungarn blieb für sich mit seinen Nebenländern ein Ganzes, dem bei jeder Gelegenheit in Wien die grössten Concessionen gemacht werden mussten, um es als wirkendes Glied des österreichischen Kaiserstaates zu erhalten. So kam die Revolution von 1848, die von Oesterreich mit Hülfe Russlands, das seine Truppen dem hartbedrängten Nachbarn zu Hülfe schickte, gedämpft wurde. Der junge Kaiser, welcher jetzt die Regierung übernahm, erhielt sich die Freiheit seiner Bestimmungen, indem er den Krönungseid nicht leistete, welcher der Verfassung gemäss auf einem Hügel vor Pressburg geschworen werden musste, und zwar so, dass der Kaiser die Luft nach allen 4 Himmelsgegenden mit dem Degen durchschlug, als Zeichen, dass er Ungarn gegen jeden Angriff von jeder Seite schützen wolle. Nach der Unterwerfung Ungarns erschien die kaiserliche Entschliessung vom 15. October 1849 mit Bezug auf die Gesammtverfassung vom 4. März desselben Jahres. Das Ministerium Schwarzenberg trat nach dem schnellen Wechsel einiger anderen Ministerien auf, und stellte den Gesammtstaat an die Spitze seines Programms. Es wurde durch das Diplom eine provisorische Verwaltung eingerichtet, nach der Ungarn als besonderes Kronland angesehen wurde, bis die Publication der endgültigen Organisation vom 10. Jan. 1853 erfolgte, die am 1. Mai desselben Jahres ins Leben trat. So wurden nach Niederwerfung Ungarns die Königreiche Kroatien und Slawonien nebst dem Littorale, Fiume und der Mur- und Drauinsel des szalader Comitats abgelöst und aus ihnen ein eigenes Kronland gebildet, dann entstand aus den Comitaten Bács-Bodrogh, Torontál, Temes und Krassó die Wojewodschaft Serbien und das Temeser Banat, während die von Ungarn 1836 genommenen Siebenbürger

Comitate, nemlich Kraszna, Mittel-Szolnok und Zaránd wieder zu Siebenbürgen kamen. Ungarn selbst wurde in fünf Verwaltungsgebiete eingetheilt, an deren Spitze der Statthalter als oberster Militär- und Civilgouverneur trat. Ueber jedes der fünf Verwaltungsgebiete oder Statthalterei-abtheilungen wurde ein auf Vorschlag des Statthalters vom Ministerium des Innern gewählter Vicepräsident gesetzt. Die Comitatsbehörden blieben zwar nach wie vor auf dem Papier für ihr Comitat die Oberbehörden, doch wurden sie dadurch, dass die Reichstagswahl und die Versammlungen aufhörten, in ihrer Macht sehr beschränkt; in Wahrheit blieben sie nur Mittelbehörden zwischen der Statthalterei und den ihnen untergeordneten Stuhlrichterämtern etc., denen das Einziehen der directen Besteuerung u. s. w. zukam. Jedem Comitat stand ein Comitatsvorstand vor. Was das Gerichtswesen anlangte, so wurden in den fünf Hauptstädten der fünf Statthaltereibezirke, in Pesth, Pressburg, Oedenburg, Eperies und Grosswardein k. k. Oberlandesgerichte mit Oberstaatsanwälten, in den Comitatshauptstädten k. k. Comitatsgerichte mit Staatsanwälten eingesetzt. Die ganze Jurisdiction beruhte auf dem österreichischen Gesetz, besonders auf der Strafprocessordnung vom 29. Juli 1853, der Jurisdictionsnorm vom 16. Febr. 1853, und dem allgemeinen bürgerlichen Gesetzbuch vom 29. Nov. 1852. An der Spitze der gesammten Finanzverwaltung stand der Statthalter, die Militärverwaltung aber ging vollständig ans Wiener Kriegsministerium über. Der wohlthätigste und beste Grundsatz des neuen Finanzwesens war die allgemeine Besteuerung, von der bis dahin der gesammte Adel fast ganz frei geblieben war. So wurde z. B. die Militärsteuer, die sich ungefähr auf 4,400,000 Gulden jährlich belief, bis 1848 nur von den mittleren und niederen Klassen gezahlt, der Adel, die Geistlichkeit und sogenannten Honoratioren waren frei. Ebenso verhielt es sich mit einer vom Adel bestimmten, die Comitatsbedürfnisse betreffenden Steuer, welche oft die

Militärcontribution noch überstieg. Sicher ist es auch, dass der neue Grundsatz der Gleichbesteuerung ein vortreffliches Mittel war, die Wohlfahrt Ungarns zu heben, und Bürger und Bauer mit dem neuen System zu versöhnen. Aber zu schwer hatte die Hand Haynau's auf Ungarn gelegen; über die weiten Ebenen der Donau und Theiss lagerte sich jene stille Apathie, die ein trauriges Zeichen der politischen Situation ist. Der Handel und Landbau lagen schwer darnieder, Tausende hatte der Krieg dahingerafft, Tausende suchten sich ein neues Vaterland; das fruchtbare Ungarn war verwüstet, die Städte entvölkert, Angst und Sorge hielten die Bewohner in fortwährender Unruhe. Das Haynau'sche Princip hatte gezeigt, dass Pulver und Blei wohl tödten, aber nicht binden können, die Periode nach der Unterwerfung hatte dem Kaiserhause mehr geschadet als genützt. Bessere Zeiten begannen, als Erzherzog Albrecht Statthalter von Ungarn wurde, und eine Politik der Milde schien durch die Kaiserreise im Jahre 1854 Platz greifen zu wollen. Aber immer trauriger gestaltete sich ein Factor der österreichischen Staatsverwaltung, die Finanzlage. Das Papiergeld entwerthete sich immer mehr und mehr, Handel und Industrie stockten, das schroffe Centralisationssystem des Ministeriums Schwarzenberg stiess auf solchen Widerstand, dass eine Gesammtleitung sehr erschwert wurde, ebenso war es beim Ministerium Alexander Bach der Fall. Zudem erhob sich die Hydra der Reaction und des Absolutismus stolzer wie je zuvor, die Gleichgültigkeit der Bevölkerung erreichte den höchsten Grad, in Deutschland war das Vertrauen zu Oesterreich fast verloren, und die Beziehungen zu den auswärtigen Staaten schlechter wie je. Russland, das seine Armee für Oesterreich in den Kampf gesandt, wurde im Stich gelassen und vor den Kopf gestossen, Frankreich und England zweideutig durch eine Diversion gegen die Donau-Fürstenthümer unterstützt, während Sardinien sich durch seine geschickte Politik, nemlich durch die Absendung einiger Tausend Mann zur Hülfe der Alliirten in der Krim, England und Frankreich zu Freunden machte, Preussen versuchte man in Deutschland ein Paroli zu biegen, was auch unter dem Ministerium Manteuffel gelang; die Finanzverhältnisse aber und die Abschliessung des Concordats schienen den letzten Rest von Liebe für Oesterreich rauben zu wollen.

So kam das Jahr 1859, dessen Geschichte uns noch zu nahe liegt, als dass es nöthig wäre, sie näher zu erläutern. Bei Magenta und Solferino stürzte die Herrschaft der österreichischen Reaction zusammen; wie überall und zu jeder Zeit kämpften die österreichischen Heere mit jener Tapferkeit, durch die Radetzky in einem fünftägigen Feldzuge Italien dem Scepter Oesterreichs wieder unterworfen hatte, mit einer Ausdauer und einem Muthe, wie ihn keine Armee grösser besitzt; aber innere Ursachen waren es, die dem österreichischen Doppeladler die Schwingen banden. Die Armee erbittert über eine Führung, die Tausende nutzlos opferte, das Volk aufgebracht über die Herrschaft des Absolutismus der Kirche, der selbst während des Krieges seine Pläne verfolgte und durch das Concordat neu gestärkt war, die Finanzlage ruinirt und dabei überhohe Kriegssteuern, die bei der Geschäftsstörung und Arbeitslosigkeit kaum zu erschwingen waren. Als aber nach dem Friedensschlusse von Villafranca sich selbst Unterschleife eines Feldmarschalllieutenants und eine Corruption offenbarten, die einen traurigen Einblick in die Demoralisation der Verwaltung boten, zeigte sich die gänzliche Haltlosigkeit des Systems. Zudem hatte die Losreissung der Lombardei auch fast in allen anderen österreichischen Völkerstämmen die Opposition angefacht, Venetien wurde durch sardinische Agenten fortwährend bearbeitet, Galizien sympathisirte mit Italien, die deutschen Kronlande, deren materielle Wohlfahrt unter der Reaction furchtbar gelitten hatte, waren der Regierung missgestimmt, und Ungarn, das seit 1849 apathische Ungarn wurde durch die Bewegung Italiens elektrisirt. Eine neue und wohlthätige Wendung der österreichischen Politik ist von dieser Minute an eingetreten, die Regierung sattelte von der Reaction zu einem liberalen System um, und wenn auch noch manche Versuche zur inneren Pacificirung scheiterten und das Streben einiger Staatsmänner sich an dem Widerstande der Nationalitäten brach, so war doch die richtige Bahn für Oesterreich gefunden, in der es segensreiche Fortschritte bereits gemacht hat und noch machen wird. Die Lösung der ungarischen Frage wird dann wenigstens das äussere Gerippe der österreichischen Reorganisation vollenden, und wird es dem Kaiserstaate ermöglichen, seine innere Entwickelung und Durchbildung mit voller Kraft in die Hand zu nehmen.

Der erste Versuch, der noch im Jahre 59 gemacht wurde, war mit dem Föderativsystem. Man möchte das Jahr 1859 eine Uebergangsperiode oder ein Versuchsjahr nennen, so viele Pläne und Systeme, so viele Versuche und Probleme sind in ihm zu Tage gefördert worden.

Ende Juli legte Bach das Ministerium nieder, mit ihm schied der Freiherr von Kempen, Chef des Polizeiwesens, aus. An ihre Stelle traten Graf Goluchowski, ein Galizier, als Minister des Innern, und Freiherr von Hübner als Leiter der Polizei, Graf Rechberg-Rothenlöwen aber wurde Ministerpräsident und übernahm das Ministerium des Aeussern, ein Mann, dem sich eine geschickte Führung der Geschäfte auf keinen Fall absprechen lässt, jedenfalls hat er die Stellung des 1859 isolirten Oesterreichs zu den Mächten Europas verbessert.

Freiherr von Hübner, bis 1859 Gesandter Oesterreichs in Paris, ist jedenfalls einer der genialsten österreichischen Staatsmänner, dessen ehrenwerthe Gesinnung und liberale Auffassung stets anerkannt wurde. Graf Goluchowski, der galizische Edelmann aus reinstem Schrot und Korn, war der Mann des historischen Rechts der Nationalitäten und des Föderativstaats, dem ein wirklich constitutionelles Leben fernstand, und in diesem Sinne sind auch die unter ihm speciell für Ungarn erschienenen Gesetze aufzufassen. Am ersten September erschien das Patent, welches den protestantischen Ungarn eine freie Kirchenverfassung verlieh, mit Berufung auf das ungarische Gesetz von 1791 über die Grundrechte der verschiedenen Religionsgenossenschaften in Ungarn. Es sprach fast eine vollständige Emancipation der Protestanten aus, trotzdem war die Opposition im Lande eine so heftige, dass ein Theil der Protestanten das Gesetz gar nicht annahm. Das Patent galt für Ungarn mit seinen Nebenländern Kroatien, Slawonien, dem Temeser Banat, der serbischen Wojewodschaft und der Militärgrenze, zum ersten Mal seit 1849 wieder für alle Theile Ungarns, obgleich die fünf Statthaltereibezirke noch bestanden. Aber eben diese Fünftheilung des Landes fachte die Opposition an, welche gegen das Gesetz protestirte und nur den Landtag für competent erklärte. Als sich eine Vereinigung nicht mehr schaffen liess, trat Freiherr v. Hübner von seinem Posten, wahrscheinlich wegen Differenzen im Schoosse des Ministeriums, zurück, und an seine Stelle trat Herr v. Thierry, welche Aenderung dem Ministerium leider den Stempel der Reaction aufdrückte. So blieb hauptsächlich der Finanzminister von Bruck, der zugleich den Ruhm der Genialität mit dem Namen eines Ehrenmannes verband, die Stütze des Liberalismus; sein Einfluss war bei dem ausgezeichneten Gewerbegesetz, welches auf dem Grundsatze der Gewerbefreiheit basirte, und bei dem Protestantenpatent unverkennbar gewesen. In der tiefsten Verwirrung nach dem Eynatten'schen Unterschlagungsprocesse legte auf einmal der Minister von Bruck Hand an sich selbst, und die Stimme des grossen Haufens, welche nie genug erzählen kann, sprach von der Mitwissenschaft Bruck's an den Unterschleifen des Feldmarschalllieutenant Eynatten. Das Andenken des Ministers steht heute über jedem Verdacht erhaben, er hat für Oesterreich mit allen Kräften seines reichen Geistes gestrebt und gewirkt, das viele Gute, das er geschaffen, wird seinen Namen noch auf späte Generationen in Oesterreich fortleben lassen. Noch während dieser Periode wurde der verstärkte Reichsrath berufen, der Vorschläge über die Reorganisation unterbreiten sollte. Vorzüglich die magyarischen Mitglieder zeichneten sich durch ihre Hartnäckigkeit der Opposition aus, die besonders das Föderativsystem und das historische Recht verfocht. Graf Goluchowski, der mit diesen Plänen übereinstimmte, befürwortete das Föderativsystem und die ständischen Interessen, und bereits am 20. October erschien das Verfassungsdiplom, welches dem ungarischen Landtage einen grossen Theil seiner Selbständigkeit zurückgab und nur gewisse allgemeine Objecte dem Reichsrathe zurückhielt. Dieses Schwanken zwischen Centralisation und Föderativsystem war der grösste Fehler der Regierung, welche geglaubt hatte, durch die Vertretung der ständischen Principien den ungarischen Adel zu versöhnen und sich so die conservative Partei zu verpflichten. Aber hier zeigte sich am deutlichsten, dass der ungarische Adel der eigentliche Vertreter des Ultramagyarismus sei, der bei einer liberalen Aussenseite doch hauptsächlich für seine Comitatsrechte und Privilegien focht. Der hohe Adel unterstützte die Regierung nicht nur nicht, sondern bildete die strengste Opposition gegen alle Vorschläge derselben, führte die alten Gesetze wieder ein, und sogar die Prügelstrafe begann wieder ihre unumschränkte Herrschaft. Dazu kam, dass alle von der Regierung ernannten Beamten aus Ungarn weichen mussten, was die Finanznoth, die bereits auf die höchste Spitze getrieben war, vermehrte; die humansten Gesetze wurden negirt, und an ihre Stelle traten die Verordnungen früherer ungarischer Reichstage, die wohl den Adel, aber nicht die grosse Menge befriedigten. Zudem erreichte die Anarchie in Ungarn eine Ausdehnung, dass man ernstlich für eine Revolution fürchten musste, die südslawischen Stämme aber fingen an, die Idee eines südslawischen Reiches in sich aufzunehmen, während die deutschen Kronländer dem Umschwunge in den Regierungskreisen nicht trauten und mehr an ein Liebäugeln mit Ungarn und an Concessionen der Noth wie an einen wirklich liberalen Umschwung glaubten. So zeigte sich das Goluchowski'sche Ständesystem mit seinen historischen Traditionen als gänzlich verfehlt, und es that dringend Noth, eine neue Form mit einer vollständigen Systemsänderung aufzustellen. An Graf Goluchowski's Stelle, der aus dem Ministerium ausschied, trat Herr von Schmerling, der geschickteste und volksthümlichste Diplomat Oesterreichs. Zum ersten Mal seit langer Zeit bewährte sich wieder jenes alte Wort über die „Felix Austria", die stets in ihren gefährlichsten Momenten, in den schlechtesten Situationen geniale Staatsmänner fand. Man hüte sich wohl, Schmerling's Leistungen zu unterschätzen; das Ungeheure, was er in den zwei Jahren, wo er das Ruder führt, für Oesterreich gethan hat, werden erst spätere Zeiten klar machen, unter ihm ist Oesterreich in den Constitutionalismus eingetreten, und noch liegt kein Grund vor, an der Wahrheit dieses Systems zu zweifeln. Von Vielen ist sein sogenanntes „Laviren" als unpolitisch angefochten worden, man vergesse aber nicht, dass das Laviren auch seine Zeit hat, und gerade in Oesterreich durch den Erfolg gerechtfertigt worden ist.

Am 26. Februar 1861 erschien die Gesammtstaatsverfassung, mit der Oesterreich in die Reihe der constitutionellen Staaten eintrat. Gemäss derselben erhielt jedes Kronland seinen in einer Kammer tagenden Landtag, der nicht wie die ständische Vertretung nach Ständen gewählt war, sondern auf der Basis der Besteuerung beruhte, und der bis zu dem niedrigen Census von fünf Gulden herabging, also auch den arbeitenden Klassen ihre Vertretung gab. Die Interessen jeder einzelnen Provinz liegen in den Händen des Landtags, der für das betreffende Kronland die höchste competente Behörde ist, nur allgemeine Objecte, wie Volkswirthschaft, Finanz- und Militärwesen und allgemeine legislative Angelegenheiten liegen in der Hand des aus zwei Kammern bestehenden Wiener Reichsraths. Die Competenz des Reichsraths Ungarn gegenüber erstreckte sich nur so weit, als es die zugestandene Autonomie des ungarischen Landtags erlaubte. Zu gleicher Zeit erschien ein Gesetz, welches den Protestanten der deutschslawischen Kronländer dieselben Freiheiten einräumte, wie sie früher den Ungarn zugestanden waren, ein Gesetz, welches zeigte, dass der Bruch der Regierung mit dem Absolutismus der Kirche Ernst sei. Am 1. Mai 1861 eröffnete der Kaiser den Wiener Reichstag mit dem von allen Seiten jubelnd aufgenommenen Ausspruch, dass auf freien Institutionen und der Gleichberechtigung der Nationen das Wohl des Reiches beruhe.

Leider aber war der Reichstag noch kein vollständiger, mehr als die Hälfte der Provinzen hatte keine Abgeordneten geschickt. Es würde zu lange aufhalten, auf die Geschichte aller der politischen Schwankungen, die der Reichstag noch durchgemacht, einzugehen, begnügen wir uns mit dem Resultat der Schmerling'schen Verwaltung, dass ausser Ungarn, Venetien und Kroatien der Reichstag heute vollzählig ist, dass der Constitutionalismus anfängt, in Oesterreich Boden zu gewinnen und volksthümlich zu werden, dass der Werth des österreichischen Geldes gegen 1859 bedeutend gestiegen, dass der Gesammtstaat Oesterreich wieder anfängt, sich Vertrauen in Deutschland, in Europa zu erwerben. Selbst Ungarn, dessen Opposition sich auch unter Schmerling's Ministerium bis zu einem solchen Grade herangebildet, dass in vielen Comitaten eine Steuerverweigerung eintrat, dass das Land unter Kriegsgerichte gestellt werden musste, dass der Landtag aufgelöst wurde, fängt an seine regierungsfeindliche Stellung aufzugeben. Vor wenig Monaten erklärte der ungarische Hofkanzler Graf Zichy, dass er bald die

Ungarn im Reichstage zu begrüssen hoffe, vielleicht ist die Zeit da, wo allerdings gewichtige Concessionen die Magyaren befriedigen würden, deren Andeutung im weitesten Umrisse der dritte Theil dieser Abhandlung wagen wird. Zweierlei aber mögen sich Ungarn und Oesterreich merken, erstens, dass Oesterreich kein einiger starker Staat ohne Ungarn ist, und zweitens, dass Ungarn ohne Oesterreich nie zu einer Selbständigkeit kommen kann. Der stolze feurige Charakter der Magyaren verlangt Concessionen, aber es gibt ein Beispiel in der österreichischen Geschichte, welches beweist, dass Ungarn am treuesten und ergebensten war, wenn es die grösste Autonomie hatte, ohne ihm die Möglichkeit zu geben, die Gesammtverfassung zu stören.

Wir meinen die Regierung unter Maria Theresia, welche den Ungarn die grössten Zugeständnisse gab, und sich doch wie kein anderer Regent der grössten Treue der Magyaren zu erfreuen hatte. Mögen die Zeiten des „moriamur pro rege nostro" bald wieder zurückkehren, mögen Oesterreich und Ungarn vereinigt der Welt zeigen, wie eine freie, einheitliche, fortschrittsgemässe Verwaltung die Nationen bindet und zusammenhält.

Was nun die Concessionen betrifft, auf Grund deren Oesterreich und Ungarn sich einigen könnten, so muss man zuerst wohl darauf achten, dass es erstens unmöglich ist, allen Parteien, die heute in Ungarn ihr Haupt erheben, vollständig Genüge zu leisten, zweitens, dass der österreichische Gesammtstaat auf jeden Fall fortbestehen muss, der aber bei einer gänzlichen Sonderstellung Ungarns unmöglich ist. Nun sind es vor Allem drei Parteien, die heute Ungarn zu lenken suchen: erstens die hochadelige, welche die ständische Verfassung, wie sie bis zum Jahre 1845 bestand, somit ihre eigene Sonderstellung und die Despotie der bis dahin der ungarischen Krone zugehörigen

Länder verficht, zweitens die Mittelpartei, welche allerdings die Sonderstellung anstrebt, dabei aber trotz ihrer schroffen Opposition das gemeinsame Wohl Ungarns und sein Verhältniss zu Oesterreich nicht ausser Acht lässt, und drittens die extreme, Kossuth und den Verbannten zugeneigte Fraction, die auch die äussersten Zugeständnisse nicht befriedigen würden, mit der jede Verhandlung unmöglich ist.

Es muss und wird aber Ziel der österreichischen Regierung sein, Ungarn innig und vollkommen mit Oesterreich zu verbinden, also nicht nur durch augenblickliche Concessionen Ungarn zu beruhigen, sondern eine Basis zu finden, auf der sich ein vollständiger Ausdruck des Gesammtstaates ermöglichen lässt, auf der eine Zunahme der Volksentwickelung, des Volkswohlstandes und der Machtstellung zu erwarten ist.

Vorerst gilt es hier noch einmal, den Charakter der Magyaren ins Auge zu fassen, in dem der Stolz und vor Allem der gedemüthigte Stolz einer der ersten Züge ist. Der Ungar träumt von einer Zeit, als sein Palatin, der Sohn des Hauses Habsburg, in Ofen residirte, von einer Zeit, in der der Adel sich vor dem Stellvertreter des Königs versammelte, in der Ungarn ausgezeichnet war durch die persönliche Statthalterschaft eines Erzherzogs des kaiserlichen Hauses. Leider ist in Oesterreich durch das Metternich'sche System die Titel-, Ordens- und Prunksucht zu einem überhohen Grade entwickelt worden, und die prunkliebenden und von Natur verschwenderischen Magyaren vor Allem werden sich durch den Besitz eines glänzenden Hofstaates in Ofen geschmeichelt fühlen. Man gebe also einem Erzherzoge des Habsburgischen Hauses Gelegenheit, sich in Ungarn populär zu machen, man sende ihn nach Ungarn mit Vollmachten, den Kriegszustand aufzuheben, und mit einer allgemeinen im Namen des Kaisers verkündeten Amnestie; man richte in Ofen einen glänzenden Hof ein, der den Adel, die Geldaristokratie und die Intelligenz des Landes versammelt. Diese Maassregel, die Ernennung eines Erzherzogs als Statthalter, wird vor Allem den Adel an Oesterreich fesseln, es ist das einzige Zugeständniss, was der adeligen ultramagyarischen Partei gemacht werden kann, ohne das Gesammtwohl der Bevölkerung zu stören. Man gebe dem Statthalter in allen rein ungarischen Dingen die möglichste Freiheit; er steht als Palatin direct unter dem Kaiser, seine Befugnisse können bestehen in der persönlichen Vertretung des Kaisers, dem Obercommando sämmtlicher im eigentlichen Königreich Ungarn stehenden Truppen, der Antragstellung in Betreff von Ordens- und Titelverleihungen, der Leitung der Polizei etc. Die Bestätigung aller Anträge des Erzherzog-Statthalters bleibt dem Kaiser selbst überlassen, der die oberste Militär- und Civilvertretung im Königreich Ungarn in Vertretung seiner selbst dem Statthalter übergibt.

Vor Allem aber kommt es darauf an, dass das erste Auftreten des Erzherzogs ein volksthümliches, ein entgegenkommendes sei, das keine Partei beleidigt, sondern ein Zugeständniss mitbringt, das im Stande ist, alle Fractionen der Regierung zu nähern. Es gehört zu den schönsten Vorrechten der Herrscher, begnadigen und vergessen zu dürfen; Worte der Milde im Munde des Fürsten sind im Stande, eine Wirkung zu äussern, wie sie kein Gesetz der Strenge hervorbringen kann, und gerade ein so leicht begeistertes und excentrisches Volk wie das magyarische, wird das Wort der Versöhnung, gesprochen im Namen des Kaisers, aus dem Munde des kaiserlichen Bruders nachfühlen und verstehen. Die Amnestie ohne Rückhalt, ohne Ausnahme wird die Herzen der Magyaren der Regierung zuwenden, wie nichts Anderes es vermag, die Regierung aber wird einsehen, dass ihre gefährlichsten Gegner ihr im Inlande weniger gefährlich sind, als im Auslande, dass das Vertrauen zu ihr ein besseres Band ist, als alle Verbannungs- und Ausweisungsedicte. Das Streben der extremen linken Partei

hat nur Sinn und Zweck in Ungarn, wenn die Mitte und
der ultramagyarische Adel der Regierung schroff gegen-
überstehen; gelingt es der Regierung, durch einen Act der
Milde diese beiden zu versöhnen, so wird die Revolutions-
partei allein nur eine ungefährliche Agitation, die ihre eigenen
Pläne schwächt, treiben. Zudem ist wohl auch anzunehmen,
dass selbst Männer der extremsten Linken bei einer allgemeinen Amnestie, dankbar gegen die Regierung, das Lager
der Revolution verlassen würden.

Was sodann die Autonomie anbetrifft, so ist das von
der Regierung eingeschlagene System der Wahl nach der
Besteuerung das entschieden richtige, indem es den grossen
Vorzug hat, dass es allen Ständen Gerechtigkeit widerfahren
lässt, während die frühere Wahlmethode nur dem Adel Gelegenheit gab, für sich und seine Privilegien zu wirken.
Es sind vor Allem aber zwei Objecte, deren unbedingte Un-
abhängigkeit vom Landtage die Regierung festhalten muss,
erstens die Finanzverwaltung, und zweitens das Militärwesen. Es braucht keines weiteren Beweises, um klar ein-
zusehen, dass bei der jetzigen Finanzlage Oesterreichs eine
Abhängigkeit vom Willen des ungarischen Landtags die anderen Kronländer nachtheilig beeinflussen muss, da jedenfalls das Bestreben des ungarischen Landtags dahin gehen
wird und dahin gehen muss, dem eigenen Lande so wenig
als möglich Lasten aufzubürden. Heute, wo Oesterreich ein
constitutioneller Staat ist, wird der Reichsrath zu Wien nicht
mehr bewilligen, als er mit gutem Gewissen thun kann, und
nur in der Hand des ungarischen Landtags liegt es, durch
seine Wahlen, die er zum Reichsrath vorzunehmen hat, in
Wien eine so starke ungarische Vertretung zu schaffen, dass
die Interessen Ungarns in jeder Hinsicht berücksichtigt werden müssen. Lange, lange Jahre werden noch vergehen,
ehe die österreichischen Finanzen wieder einen blühenden
Zustand erlangen können; die Möglichkeit hierzu ist aber
gegeben in einer streng constitutionellen Verwaltung und in

der Einigung und Entwickelung aller österreichischen Volksstämme. Wie sehr aber ein constitutionelles Regiment und Vertrauen zur Regierung auch die traurigste Finanzlage heben kann, das zeigt sich in der Werthzunahme der zwar immer noch gedrückten österreichischen Papiere, die doch heute dem Nominalwerthe bedeutend näher stehen, wie während der ganzen Zeit, in der die Reaction das Steuer führte.

Ebenso wie mit der Finanzverwaltung verhält es sich auch mit dem Militärwesen. Es ist unbillig und ungerechtfertigt, von der Regierung zu Wien verlangen zu wollen, dass sie nach der Bewilligung des Reichsraths erst noch die Erlaubniss des ungarischen Landtags zur Aushebung von Rekruten einholen soll. Die für den Umfang der gesammten Monarchie decretirten Aushebungen vertheilen die Steuerlasten und die Conscription vollständig gleich auf alle Kronländer. Ungarn kommt nicht besser, aber auch nicht schlechter weg wie alle Provinzen des Kaiserstaates. Angenommen, Oesterreich würde heute in einen italiänischen Krieg verwickelt; ein solcher Fall, der über kurz oder lang doch eintreten muss, wird zwar eine Partei in Ungarn entschieden fester an Oesterreich binden, als es bis jetzt der Fall ist, wird aber auf der anderen Seite, so lange sich nicht alle streitigen Verhältnisse geordnet haben, die Opposition der extremen Linken und aller derer, die eine ihren Interessen passende Sonderstellung anstreben, für die Minute noch heftiger machen, möglicherweise auf eine kurze Zeit zum Siege führen. Der Provinziallandtag soll der Ausdruck des Kronlandes sein, der Landtag zu Ofen die Stimme für ganz Ungarn; kann und wird die Regierung, gestützt auf die Stimme und das Votum des Gesammtreichsraths, sich von dem Beschlusse des lediglich die ungarischen Vortheile und Interessen im Auge habenden Landtags abhängig machen? Die Cohäsion zwischen Oesterreich und Ungarn ist unleugbar, sicher wird auch, je mehr sich Oesterreich und Ungarn nähern, immer mehr und mehr ihr Interesse zusammenfallen, aber es gibt Zeiten und politische Situationen, wo jede Provinz, wo jedes Kronland sich auf Kosten des Gesammtstaates Vortheile zu verschaffen, und durch den Beweis der Unentbehrlichkeit sich Concessionen zu erwerben sucht, die dem Gemeinwohl nachtheilig und unzuträglich sind, eine Möglichkeit, der die österreichische Regierung auf jede Weise ausweichen muss. Wenn man aber den directen Einfluss auf die Organisation und das Wesen der österreichischen Armee betrachtet, so muss dieser ein in jeder Beziehung schädlicher und schlechter sein. Aus wie vielen Nationalitäten die österreichische Armee auch zusammengesetzt ist, sie bildet heute ein Ganzes, dem die Particularinteressen fern stehen. Durch dies ganze österreichische Heer geht ein Zug der treusten, der wärmsten Kameradschaft, ohne Unterschied des Standes, der Religion, des Vermögens umschlingt alle das brüderliche „Du", ein kleines Wort, das aber vielleicht den ganzen Kern der Kameradschaft und deren innerstes Wesen in sich fasst. Ein Oberhaupt, der Kriegsherr in der Person des Kaisers, ist mit dem votirenden und bestimmenden constitutionellen Reichsrath der einzige und erste Leiter dieser ganzen complicirten Masse, die der treuste Vertreter eines gesammtstaatlichen Oesterreichs ist, indem sie alle verschiedenen Nationalitäten und Religionsgenossenschaften auf ein und derselben Basis eint und verbindet.

In derselben Minute, wo, statt eines Gesammtreichsraths, ein ungarischer, italiänischer, kroatischer Provinziallandtag die Verwaltung der Armee mit lenken will, werden sich die allgemeinen österreichischen Interessen in ungarische, italiänische und kroatische verwandeln, dann wird aber auch die Führung und Leitung der Armee in einer Hand sehr erschwert werden; einzelne Theile des Heeres aber, deren Sonderinteressen heute bei der Centralisation und Uniformität der Armee nicht durchdringen können, werden dann bei allen Kriegen, die ihren Provinzialvertretungen nicht zusagen, äusserst schwer verwendbar werden. Die einzige, nicht zu unterschätzende Concession wäre hier vielleicht, wenn jedes in Ungarn garnisonirende oder nach Ungarn versetzte Regiment, so lange es auf ungarischem Boden steht, nach dem Kaiser zuerst dem Erzherzog als Höchstcommandirendem und Stellvertreter des Kaisers in Ungarn untergeordnet wäre. So sind wir zu dem Resultat gekommen, dass eine unbedingte Einigung der Finanz- und Militärverwaltung in einer Hand eine Nothwendigkeit für das gesammtstaatliche Oesterreich ist, der sich Ungarn nothwendig fügen muss, wenn auch ein Theil der Autonomie seines Landtags dabei verloren geht, zugleich aber ist es entschieden nöthig, nochmals darauf hinzuweisen, dass der magyarische Landtag sich die volle Gültigkeit und Beachtung seiner Interessen sichern kann, wenn er aus seiner Mitte die Abgeordneten zum Wiener Reichsrath wählt, wo diese schon der Zahl nach eine Fraction bilden, die in den meisten Fällen mit den Ausschlag geben wird. Diese beiden Zweige, Finanz- und Militärwesen ausgenommen, ist der ungarische Landtag in allen Zweigen der Verwaltung, von denen jedoch die Justiz streng zu trennen ist, autonom; also in allen Gemeinde-, Kreis- und Comitatsangelegenheiten, in allen volkswirthschaftlichen Branchen der Verwaltung, und gewiss öffnet sich hier für eine thatkräftige und geschickte Landtagsvertretung ein Feld der Thätigkeit, das mit allen Kräften zu unterstützen und zu fördern erste Pflicht der österreichischen Regierung sein muss.

Ungarn, das von Natur reichste Kronland der ganzen Monarchie, lässt doch noch so viel für seine Entwickelung, sowohl vom volkswirthschaftlichen, als vom Standpunkt der allgemeinen Bildung zu wünschen übrig, dass der Landtag hierin allein auf zehn Sessionsperioden Arbeit fände. Mit vollem Rechte kann es hierin die Unterstützung der österreichischen Regierung in jeder Beziehung ansprechen, die während der letzten Missernte in Ungarn den Beweis geliefert hat, dass es dem Schmerling'schen System mit der Verbesserung der materiellen Wohlfahrt der Völker Ernst ist. Die Hauptbestrebungen der Regierung und des Landtags in dieser Richtung müssen sich concentriren in dem Colonisiren fremder Einwanderer, in dem Hereinziehen von Capital aus Oesterreich und Deutschland, in der Bildung eines starken arbeitsamen Mittelstandes, in der Hebung des Geldwerthes, in der Anlegung von Eisenbahnen und anderen Verkehrswegen, in der Gründung guter und tüchtiger Schulen und Lehranstalten. Wenn der ungarische Landtag glaubt, dass die Beschäftigung mit diesen Objecten ihn der höheren Politik entziehe, so darf er auf der anderen Seite nicht vergessen, dass jedes Fortschreiten des Wohlstandes in Ungarn, jede Zunahme der materiellen Wohlfahrt, jede Progression der allgemeinen Bildung, jede Hebung des Arbeitscapitals, jede Vermehrung der Arbeitskraft, seiner Stimme, als der der Vertretung eines sich immer mehr und mehr entwickelnden Kronlandes, immer mehr und mehr Gewicht im Rathe der Gesammtheit gibt. Ehe es uns möglich ist, über diese allgemeinen Fragen zu sprechen, gilt es vorerst, noch die Reihe der directen Reformen zu beendigen, und hier wäre vor Allem das Justizwesen und die Stellung der verschiedenen Religionsgenossenschaften ins Auge zu fassen. Der allgemein gebilligte Grundsatz der Trennung der Justiz von der Verwaltung wird hoffentlich auch in Ungarn immer mehr Eingang finden. Es geht über die Kräfte des Autors dieser Abhandlung, von ihm eine Darstellung der nothwendigen Reorganisation des Justizwesens verlangen zu wollen, es ist unmöglich, als Laie einen derartigen Plan aufzustellen. Wer aber die ungarische Comitatgerichtsbarkeit kennt, wer die Ungerechtigkeiten, die von den einzelnen fast ganz selbstständigen Richtern verübt worden, gehört, der wird einsehen, dass die Gerichtsbarkeit nach deutsch-österreichischem Gesetz eine entschiedene Nothwendigkeit, einer der stärksten Hebel der allgemeinen Sicherheit und Wohlfahrt ist. Hat

Ungarn in der Militär- und Finanzverwaltung Oesterreich Concessionen zu machen, so ist die Einführung der deutschen Gerichtsordnung eine unabweisbare Nothwendigkeit für die Wohlfahrt Ungarns, die ihm wie keine andere Reform die Einwanderung aus Oesterreich und Deutschland garantirt. In England und Norddeutschland haben sich die Geschwornengerichte während der kurzen Zeit ihres Bestehens vortrefflich bewährt, vielleicht kommt in wenigen Jahren die Zeit, wo Oesterreich und Ungarn vereint die Segnungen dieser Gerichtspflege geniessen können. Wir kommen jetzt zu dem letzten, aber vielleicht mit bedeutendsten der directen Reformprojecte, zu der zukünftigen Stellung der religiösen Genossenschaften in Ungarn, und wollen hier zuerst die Protestanten und dann die Israeliten betrachten. Die staatsbürgerliche Stellung der Protestanten in Ungarn wurde zunächst geregelt durch das Patent vom 1. September 1859, welches den Protestanten bedeutende Freiheiten zugestand, besonders sie von allen der katholischen Kirche bis dahin zu leistenden Abgaben befreite. Die heftige Opposition, welche in Ungarn gegen dieses Patent stattfand, ging erstens hervor aus der nationalen magyarischen Denkungsart, die übermüthig Alles der Generalsynode überlassen wollte, und zweitens daraus, dass der Charakter eines Geschenkes den Meisten unsicher und unannehmbar schien. Es ist wunderbar, dass bei allen Reformvorschlägen und Problemen, die gemacht wurden, nur sehr selten und sehr schonend die Aufhebung des Concordats berührt wurde, obgleich es gewiss der innigste Wunsch des grössten Theiles der österreichischen Bevölkerung, auch der katholischen wäre. Zwar laufen die Patente über die staatsbürgerliche Stellung der Protestanten und Juden den Bestimmungen des Concordats entgegen, es ist aber richtig, dass, so lange das Concordat auch nur dem Namen nach besteht, das Vertrauen zu sämmtlichen Patenten über die Stellung der verschiedenen Religionsgenossenschaften in Oesterreich kein grosses sein kann.

Trotzdem soll in diesen Zeilen nicht nach einer überstürzenden Aufhebung des Concordats verlangt werden; eine Reform von solcher Tragweite will einen günstigen Augenblick haben; dass aber das Ministerium Schmerling und der Reichsrath diesen Zeitpunkt finden werden, scheint uns wahrscheinlich, und hiermit eröffnete sich Oesterreich eine neue Bahn, in der es seine volkswirthschaftliche Entwickelung mit einem Schlage ungeheuer vermehren kann. Ueber kurz oder lang, vielleicht ungeahnt schnell kann der Zeitpunkt eintreten, wo Pius IX. vom Stuhle Petri abberufen wird; ob sich eine günstigere Gelegenheit finden dürfte, das Concordat aufzugeben, als in diesem Augenblick, scheint uns entschieden zweifelhaft. Wir leugnen nicht, dass eine hartnäckige Opposition und Einflüsse jeder Art der Aufhebung des Concordats entgegenstehen werden; der hochgestellte Theil des Clerus hat in Tirol ein so gewandtes Spectakelstück aufgeführt, dass sich dessen Wiederholung in grösseren Umrissen in allen Kronländern erwarten lässt. Die österreichische Regierung aber braucht diesen Kampf nicht zu fürchten; auf der Seite ihrer Gegner steht die Denkungsart früherer Jahrhunderte; die Intoleranz im Bunde mit der Beschränktheit der falsch geleiteten niederen Volksklassen, verstärkt durch Hirtenbriefe, Bannbullen, Edicte etc.; auf ihrer Seite fechten das Recht und die Duldung, die Intelligenz des ganzen Kaiserstaates, das ganze deutsche Volk, die öffentliche Meinung Europas, und gewiss auch ein grosser Theil der niederen Geistlichkeit. Nichts kann der österreichischen Regierung erwünschter sein, als die Opposition des Clerus. Eine energische Durchführung dieses Kampfes wird dem Kaiserstaate mehr nützen, als zehn gewonnene Schlachten; sie wird Europa zeigen, dass es Oesterreich Ernst ist mit der liberalen fortschrittsgemässen Politik, mit dem Aufgeben des Regierungssystems, an dessen Spitze als erstes leitendes Princip das Dogma der alleinseligmachenden Kirche stand. Gewiss ist mit der Aufhebung des Concordats kein Aufgeben der katholischen Religion verbunden; die katholische Religion ist die herrschende Staatskirche Oesterreichs, weil sie die meisten Bekenner zählt, deren gewiss lobenswerthe Frömmigkeit von keiner Seite her angegriffen werden soll; die wahre Frömmigkeit basirt aber auf dem Geiste der Duldung und der Liebe, nicht aber auf dem der gegenseitigen Intoleranz. In diesem Sinne wären zwei Diplome schon jetzt möglich, welche der Regierung gerade für eine Ausgleichung mit Ungarn die besten Mittel darböten, nemlich eine unbedingte, kurzhin ausgesprochene Emancipation der Protestanten und eine ebensolche der Israeliten. Die zum grossen Theil protestantischen Magyaren und die gerade in Ungarn viel vermögenden Juden würden durch diese beiden Gesetze entschieden treue Anhänger der Dynastie und des Ministeriums; die Wichtigkeit und die Vortheile dieser Emancipation aber würden nicht nur vorübergehend sein. Einmal würden die protestantischen Magyaren, eben so gut wie die ausserungarischen österreichischen Protestanten, die heute nur ängstlich und mit zweifelndem Vertrauen sich der wohlthätigen Reformen der letzten Jahre erfreuen, sich vollständig einheimisch auf ihrem Boden fühlen und Capital und Arbeit anstrengen, um die lohnendsten Früchte zu erzielen, zweitens aber würde die Einwanderung aus dem protestantischen Norddeutschland nach dem ergiebigen Ungarn eine viel stärkere sein, sobald vollständig freie Entwickelung und Ausübung der Religion geboten ist, ein Fortschritt, der bei dem Fehlen des Mittelstandes in Ungarn und dem Mangel an Arbeitskräften unberechenbare Folgen für die Production und materielle Wohlfahrt, wie für die Stärkung der Regierung haben könnte. Was die Emancipation der Juden betrifft, so würden diese, einmal gewonnen, mit den Deutschen eine Mittelpartei, die stärkste Stütze der Regierung bilden können; welche Menge von Capital aber damit nutzbar im Lande verwandt würde und welchen Einfluss eine solche Emancipation auf die Steigerung der österreichischen Papiere haben dürfte, wird sich Jeder sagen, der weiss, welchen Einfluss der Geldmarkt und die Israeliten auf diesen haben. Die Vortheile der vollständigen Emancipation der Protestanten und Juden werden wir noch deutlicher in den volkswirthschaftlichen und politischen Reformen, die wesentlich und nachhaltig zur Wohlfahrt und Hebung beitragen würden, auseinandersetzen; die Berechtigung der Emancipation aber liegt nicht nur in der Klugheit und den Vortheilen, die daraus erwachsen, sondern auch in der Gerechtigkeit, dem Geist der Duldung, der unser Jahrhundert beherrscht, der die Herrschaft einer Kirche über die andere und deren Unterdrückung verbietet. Möge der erhabene Geist seines Ahnherrn Josephs II. den Herrscher Oesterreichs zu jeder Zeit umschweben; möge er auf dem Wege, auf dem er mit Hülfe seiner Minister den Kaiserstaat in den letzten Jahren gehoben und gebildet hat, fortschreiten und fortwirken; möge er die Mission Oesterreichs zum Ziele führen, die Ostmark deutscher Cultur und deutscher Duldung zu sein! —

An die nach unserem Plane zu gewährenden Concessionen, die, um sie kurz zusammen zu stellen, bestehen würden in der Ernennung eines Erzherzogs als Palatin, in einer Aufhebung des Kriegszustandes und einer ausnahmslosen Amnestie, in der Autonomie des ungarischen Landtags, mit Ausnahme der Finanz- und Militärverwaltung, in der Aufrechthaltung der deutschen Gerichtsbarkeit, in der vollständigen Emancipation der Protestanten und Juden, wollen wir noch eine kurze Reihe volkswirthschaftlicher Reformen anschliessen, die wir bereits vorhin erwähnt, die theils aus den Concessionen hervorgehen, theils, ins Werk gesetzt, wohlthätig auf die Production, materielle Wohlfahrt Ungarns und das Verhältniss zu Oesterreich, zu Deutschland, zur Regierung wirken würden.

Nach unserer Meinung würden aus diesen Concessionen hervorgehen, erstens die Hebung des Mittelstandes durch das Princip der Landtagswahl nach der Besteuerung, und durch die Emancipation der Protestanten und Juden, welche auf der einen Seite deutsche Einwanderer ins Land ziehen, auf der andern Seite eine grosse Menge Capital in Curs setzen würde, also erstens einen Mittelstand, zweitens Capital, drittens Arbeitskräfte schaffen und bilden könnte. Um diese drei Grundbedingungen eines materiell und politisch gesunden Staatslebens auch nach ihrer Bildung zu erhalten, um den Entwickelungsgang Ungarns mit Deutschland zu parallelisiren, um die Berührungspunkte immer inniger und stärker zu machen, sind vor Allem eine Verstärkung der Verkehrsmittel in Bahn-, Post-, Schifffahrtswesen, in Chausseebauten und die Gründung guter und zahlreicher Volksschulen nothwendig, Dinge, denen sowohl die Regierung wie der ungarische Landtag ihre ganze Sorgfalt zuwenden sollten.

Betrachten wir nun den ungarischen Mittelstand, wie er jetzt ist, und wie er werden kann, und sein Verhältniss zur österreichischen Regierung. In der Minute besteht der ungarische Mittelstand fast nur aus Deutschen und Juden, deren Unterstützung von Seiten der Regierung und deren politische Vertretung bisher zu schwach war, als dass sie nicht der Gefahr ausgesetzt gewesen wären, sich vollständig mit den Magyaren zu amalgamiren. Deutsche und Juden waren fast sämmtlich im Lande ohne Grundbesitz, der, ausser dem sehr kleinen in der Hand des Bauers befindlichen Theil, gänzlich dem hohen Adel angehörte. Deutsche und Juden trieben und vermittelten fast allein den ganzen Handel Ungarns, doch wurde dadurch ihr Capital, wenn auch vielleicht mit besserer Verwerthung, so in Anspruch genommen, dass nur den wenigsten eine Erwerbung von Grundbesitz möglich war. Es ist aber unleugbar, dass gerade das Innehaben von Grund und Boden wie kein anderes Mittel den Einwohner zum Bürger des Staates macht, während das rasch wechselnde Handelsgeschäft leicht zum Standpunkte des Weltbürgers führen kann, der dann naturgemäss seine Kräfte immer weniger dem engeren Vaterlande zuwenden wird, was in minder entwickelten Ländern stets gefährlich und nachtheilig ist. Der hohe ungarische Adel aber, der die ultramagyarische Richtung mit allen Kräften aus Standesinteressen verfocht, hat gerade die heftigste Opposition gegen die Regierung gebildet; der ungeheuere ihm zugehörige Grundbesitz mit den Rechten, die er besass, gab ihm die Mittel, diesen Widerstand erfolgreich durchzuführen. Trotz des gewaltigen Reichthums der magyarischen Aristokratie, fehlte aber doch sehr häufig das Betriebscapital, da naturgemäss die Bewirthschaftung so grosser Grundflächen ungeheure Summen erforderte, aber keine so intensive und so übersichtliche sein konnte, um selbst aus dem mehr als gesegneten ungarischen Boden eine reelle Verwerthung zu erlangen. Kein Boden aber wird eine wirkliche Verwerthung bringen, wenn nicht Capital und Arbeit unter die Arme greifen, in Ungarn aber fehlten gerade diese beiden Hauptfactoren der Volkswirthschaft. Die zunehmende Bildung aber und die Vermehrung der Bevölkerung parcellirt naturgemäss den Grundbesitz, und gerade in Ungarn wäre das Interesse an dieser Verkleinerung ein dreifaches: erstens das der Regierung, zweitens das der jetzigen Inhaber, drittens das der ganzen Bevölkerung. Nichts aber würde mehr im Stande sein, diesen Act durchzuführen, als die Bildung eines Mittelstandes, der garantirt wäre durch die Concessionen der Regierung in Hinsicht auf die Freiheit der Religion, also durch die Emancipation der Protestanten und Israeliten, und durch die Sicherheit des Einzelnen durch deutsches Gerichts- und Justizwesen. Wenn heute die Regierung im Stande ist, aus Deutschland Grundbesitzer und Arbeiter nach Ungarn zu ziehen, wenn durch die den Israeliten gewährte Emancipation eine grosse Menge Geldes in Umlauf kommt, so wird naturgemäss durch diesen Nachschub, welcher ein deutsches unabhängiges Element in Ungarn befördert, der Mittelstand durch den nicht übermässigen Grundbesitz, den diese neuen Ankömmlinge erwerben, der sie also noch nicht zu Grossgrundbesitzern macht, erweitert und gehoben werden, der Preis des Bodens aber wird sich entschieden steigern. Um nicht in dem magyarischen Elemente aufzugehen, werden diese neuen Einwanderer sich auf die Seite der Regierung stellen und die Zusammengehörigkeit mit Deutschland und Oesterreich aufrecht erhalten. Deutscher Fleiss wird das ermöglichen, was der hohen ungarischen Aristokratie nicht möglich war, eine bessere Nutzung des Bodens, eine Erhöhung des Bodenwerthes, eine Vermehrung des Capitals. Um aber diese Deutschen in Ungarn von jeder Möglichkeit der Chicane zu befreien, ist das deutsche Gericht eine entschiedene Nothwendigkeit, und die Emancipation der Protestanten und Juden, deren beider Vertrauen nur auf diese Weise erhalten werden kann, ein Gebot der Lage, das nicht umgangen werden darf; dafür aber werden die Dank schuldenden Emancipirten treue Anhänger der Regierung sein und den Kern eines Mittelstandes bilden, der der Regierung und dem Gesammtstaat ergeben ist und doch das Interesse Ungarns stets im Auge haben wird. Dieser Mittelstand, der den kleinen Grundbesitz und fast den gesammten Handelstand, dann Alles, was zum deutschen oder israelitischen Elemente gehört, umfasst, wird wahrscheinlich auch nach und nach den niederen, minder begüterten Adel an sich ziehen, dem dann die Wahl gegeben ist, entweder vollständig in die Abhängigkeit der hohen Aristokratie zu gerathen, oder in Dienste der Regierung zu gehen, oder sich einem bürgerlichen Gewerbe zu widmen. So sehen wir also, welche grosse Vortheile die Bildung eines gesunden Mittelstandes in Ungarn durch die Erhöhung der Arbeitskraft, durch die Vermehrung des Capitals, durch das Steigen des Bodenwerthes, durch die gegenseitigen Beziehungen zwischen demselben und der Regierung mit sich bringt; betrachten wir nun auch die Vortheile, welche der hohen Aristokratie aus ihm erwachsen.

Wenn heute deutsche Oekonomen und Arbeiter in Un-

garn einwandern, so wird erstens Gelegenheit geboten, kleine
Theile des Grundbesitzes, für die bis jetzt gar keine Käufer
existirten, gut und billig zu veräussern; das aus ihnen gewonnene Capital aber kann zur rationellen Bewirthschaftung
und Bebauung dienen; zweitens ist die Möglichkeit gegeben,
gut und sicher zu verpachten, da diese Pächter selbst darauf sehen müssen, den Boden nach Kräften zu heben, was
den Grossgrundbesitzer der anstrengenden und doch auf
einem solchen Complexe unmöglichen Ueberwachung enthebt,
und ihn nicht dazu zwingt, seinen Beamten zu trauen, während seine Einkünfte sicherer und doch dieselben sind. Zudem steht aber eine Vermehrung des Arbeiterstandes in
Aussicht, besonders wenn man den Arbeitern kleine Stücke
Land zur Selbstbebauung und als Eigenthum einräumt, durch
die man sie an den Boden und somit an Ungarn fesselt.
Die niederen Klassen der Magyaren haben bis jetzt eine
ziemliche Scheu vor der Arbeit an den Tag gelegt, vielleicht
wirkt in Ungarn das Beispiel, und sollte dies es nicht im
Stande sein, so wird, bei einer grösseren Arbeiterzahl und
der verminderten Nothwendigkeit der Einzelnen, die Sorge
um ihre Existenz die niederen Klassen der Magyaren zur
Arbeit treiben. Jedenfalls würde auf diese Weise nach und
nach auch die Bebauung der grössten Complexe möglich
werden, womit wieder eine Vermehrung der Production, eine
Verstärkung der Ausfuhr und, damit zusammenhängend, eine
Vergrösserung des Capitals im Inlande stattfände, die vor
Allem dem Grossgrundbesitze als Mittel zur Bebauung der
ungeheuren Strecken, die ihm angehören, zu Gute käme.

Aber auch der ganzen Bevölkerung würde diese Vermehrung an Grundbesitzern und Arbeitern den grössten
Nutzen bringen; ein Land, dessen Production zunimmt, er-
hält in erster Linie ein Fallen der Preise für Naturalien,
zweitens aber wird demselben eine Ausfuhr eröffnet, die Capital ins Land bringt, und so progressiv eine immer grössere
Verwerthung der Arbeit mit diesem Capital, die in Folge

dessen durch vielseitige Beziehung eine Zunahme der Bildung mit sich bringt. So haben wir denn gesehen, welche immensen Vortheile aus dieser Gründung und Stärkung des Mittelstandes der Regierung, der Aristokratie, der ganzen Bevölkerung erwachsen würden, und wie sehr dadurch, dass dieser Mittelstand nach dem Wahlprincip der Besteuerung mit auf dem Landtage vertreten wird, die innere Kraft sich steigert, wie wichtig aber auch die Emancipation der Protestanten und Juden für die Hebung des Volkes ist.

Ehe wir nun diese Abhandlung schliessen, gilt es noch, zwei mit dem Volkswohl innig zusammenhängende Reformen zu erwähnen, erstens die Vermehrung der Verkehrsmittel und die Hebung des Geldwerthes, und zweitens die Anlegung von Schulen.

Eine Vermehrung der Verkehrsmittel in Ungarn, bestehend in der Anlegung und Erweiterung von Eisenbahnen, in der Hebung des Postverkehrs, der Beförderung des Chausseebaus, würde nicht nur dem Lande ganz andere Absatzwege und hiermit eine bedeutend stärkere Ausfuhr und höheren Bodenwerth verschaffen, sondern auch in jeder Beziehung die Industrie heben und fördern, und vor Allem die Berührung zwischen Deutschland und Ungarn bei Weitem intensiver und stärker machen. Der belebte gegenseitige Verkehr würde viele Antipathien zerstören und ein Band der Zusammengehörigkeit knüpfen, das durch wechselseitige Interessen ein immer festeres würde. Eng zusammenhängend mit der Zunahme der Verkehrsmittel ist auch die Hebung des Geldwerthes, welchem Objecte die kaiserliche Regierung ihre volle Sorgfalt zuwendet. Gerade in Bezug auf diesen Hauptfactor des österreichischen Staatslebens wäre die Emancipation der Israeliten von grösster Bedeutung. Der Einfluss, den dieselben auf den gesammten Geldmarkt Europas haben, ist ein so unbedingter, dass bei einer heute in Wien verkündeten Emancipation die österreichischen

Papiere in Wien, Berlin, Amsterdam, Frankfurt, London, Paris, in allen Börsenplätzen Europas um ein Bedeutendes steigen würden. Die Regierung aber weiss recht gut, dass dieses Steigen kein nur vorübergehendes wäre und dass sie zu jeder Zeit der Dankbarkeit der Israeliten und ihres Capitals sicher sein könnte. Ein streng constitutionelles Regiment wird aber in jeder Beziehung Vertrauen erwecken; Beweis dafür ist der jetzige verhältnissmässig höhere Stand der österreichischen Papiere gegen deren Cours unter der Herrschaft der Reaction. Jede Steigerung des Geldwerthes wird aber auch Ungarn zu Gute kommen, durch die darin enthaltene Verstärkung des Capitals und der Möglichkeit, mit dem Auslande ein regeres Geschäft zu führen.

Was den letzten Punkt, die Anlegung von Schulen betrifft, so ist es wohl unnöthig, deren allgemeine Wichtigkeit noch näher beweisen zu wollen. Aber gerade in Ungarn würde durch Erlernung beider Sprachen, der deutschen und der magyarischen, die innigere Verbindung entschieden hergestellt; das Studium der deutschen Sprache wird dazu beitragen, germanische Bildung zu pflanzen und deutsches Wesen einzubürgern. In einem Lande wie Ungarn ist die Volksschule das wichtigste Förderungsmittel der Bildung und Gesittung, der stärkste Hebel der Sittlichkeit und die Basis zur Gründung eines intelligenten Mittelstandes.

So schliessen wir denn diese Abhandlung, bei deren beschränktem Raume es unmöglich war, näher auf manche interessante Frage einzugehen, mit dem Wunsche, dass Oesterreich und Ungarn sich einigen mögen, zum Nutzen und zur Wohlfahrt des ganzen Kaiserstaats und der ganzen Bevölkerung, dass die Freiheit und der Fortschritt sich entwickeln mögen unter allen Stämmen und Religionsgenossenschaften des vielsprachigen und vielgliedrigen Oesterreichs, dass die Gesammtmonarchie und ihre Herrscher die schwere Aufgabe, auf gesetzmässigem Wege die Wohlfahrt der Völker zu erhöhen, vollführen mögen.